神祕魷魚的

SECRET SQUID'S WONDERS OF THE WORLD

驚奇冒險

貝利·亞伯特（Barry Ablett）繪圖

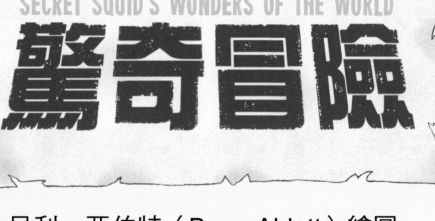
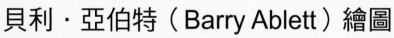

目錄

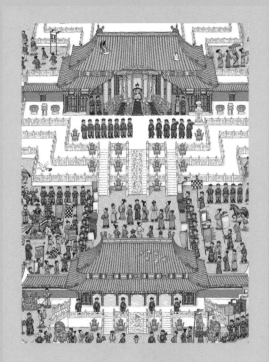

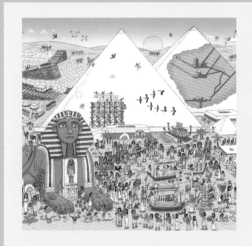

本書簡介

為各位介紹偽裝大師神祕魷魚！他擁有同一時間現身許多地方的神奇能力，以及隱身於眾目睽睽之中的天賦，所以不管做出什麼惡作劇，都不會被發現哩。

祕密任務

快來加入神祕魷魚的暗地任務，一起挖掘世界史上最讓人驚嘆的奇蹟。我們長滿觸手的朋友將帶領各位穿越時光，來到這些世界奇蹟最輝煌的時代。神祕魷魚也準備好融入人群、交些新朋友，然後大鬧一番囉！

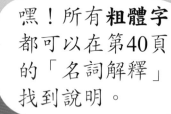

嘿！所有**粗體字**都可以在第40頁的「名詞解釋」找到說明。

展開搜索

你找得到所有神祕魷魚的藏身之地嗎？在每一個世界奇景中，我們這位鬼鬼祟祟的朋友，都有十個躲藏地點，而且穿上巧妙的偽裝服飾。專心找尋神祕魷魚的同時，也別忘記看看四周。每一個世界奇蹟都有許許多多的景點喔！

找不到我嗎？翻到第38～39頁，就可以看見我所有的藏身之處喔。

邁向旅程

每一幅奇景的下一頁，都有更多關於這個世界奇蹟的知識，以及打造它們的人們。

羅馬競技場

羅馬競技場（Colosseum）是全羅馬最大型、也最知名的**圓形競技場**（**arena**），可以容納五萬名的觀眾。羅馬人大約在西元72年開始建造，於西元80年開幕。那年有一百天都在舉辦競技賽事。

陷阱門

羅馬競技場的地面布滿了32個陷阱門。野獸與角鬥士可能會從陷阱門躍進競技場。啊哈！

羅馬角鬥士

角鬥士是古羅馬鬥士，他們會在競技場互相爭鬥打殺，以娛樂觀看的人群！角鬥士通常是**奴隸**（**slaves**）或囚犯。這是一項非常危險的工作，許多角鬥士都會在競賽中身亡。

羅馬皇帝

羅馬皇帝會從視野最佳的專屬包廂觀賞競賽。有時，皇帝會決定角鬥士最終能否生存。

快找個座位

靠近競技場內的最佳座位會保留給富裕與有權有勢的人。貧窮的羅馬人必須坐在距離看清楚所有動作最遠、最頂端的座位。

異國動物

羅馬競技場的動物有很多任務。例如：拉動**雙輪戰車**（chariots）或表演把戲。動物也會被訓練成能夠下場加入戰鬥競賽！你能想像鱷魚、獅子與大象們，一起朝你狂奔而來嗎？

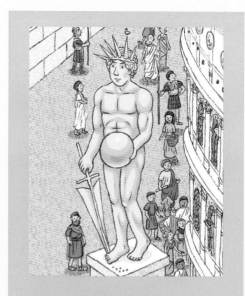

巨大雕像

這座巨大的青銅雕像叫做尼祿皇帝巨像（Colossus of Nero），曾經立於羅馬競技場外。一般認為雕像的外觀設計神似尼祿皇帝、太陽神索爾（Sol），或兩者的結合。在很久以前，巨像就已經被摧毀。

複雜後台

羅馬競技場的地下，是一連串由許多隧道與房間組成的複雜空間。在進場戰鬥之前，動物與角鬥士會待在這裡。

遮擋烈日

羅馬競技場有一張巨大的**遮陽篷**（awning），這張遮陽篷可以從屋頂裡拉出來，為觀眾投下涼爽的陰影，並且遮擋火熱的太陽。

吉薩金字塔群

古埃及人建造金字塔是為了當作法老、國王與王后們的紀念塔與陵寢。全世界最大型、且最古老的金字塔群，就是吉薩大金字塔（Great Pyramid of Giza）。距今大約四千年前，西元前2560年至前2540年間建造，當時是為了法老古夫（Pharaoh Khufu）而打造。

金字塔工人

建造金字塔是非常艱辛的工作！古埃及人會利用一系列的坡道、階梯與滑車，來移動許多巨大的石塊。今日的**考古學家**（archaeologists）依舊想不通，金字塔確切的建造方式。

亮白無瑕

你知道金字塔是白色的嗎？金字塔最後修飾時，工人會在金字塔外層加裝拋光刷亮的光滑石灰岩。而金字塔頂端，則會裹上一層黃金。

隱藏的墓穴

大金字塔的內部是許許多多的地道與墓室。雖然一般認為法老古夫就埋葬在國王墓室（King's Chamber），但至今從未找到他的**木乃伊**（mummy）。很有可能是被尋寶的盜墓賊偷走了。

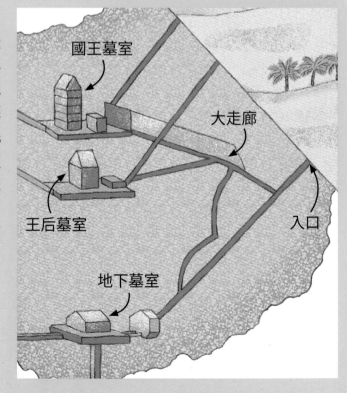

國王墓室

大走廊

入口

王后墓室

地下墓室

法老的時尚

法老通常會有一條長長的辮子鬍鬚，但他們的辮子鬍鬚有可能是假的。因為就連史上第一位女法老哈特謝普蘇特（Hatshepsut），也留著一條假鬍子！

人面獅身像

人面獅身是一種神話生物，擁有人類的頭與獅子的身體。守衛著吉薩大金字塔的人面獅身像，是全世界最巨大、且最知名的雕像之一。

最終的遠航

某些金字塔周圍曾經發現埋在坑裡的船隻。這些船可能是為了承載法老的航行到來生。

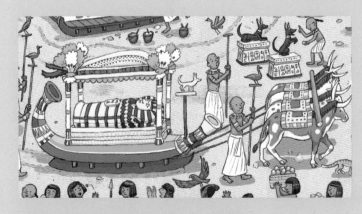

木乃伊的大小事

當法老過世之後，人們會開始進行製作木乃伊的流程。首先，他們會用一個勾子穿進鼻腔，然後把大腦拉取出來，好噁心！有時，法老的棺材裡，還會擺一具與自己長得一模一樣的木乃伊。

像字又像圖

埃及的象形文字是一種書寫的形式，利用圖像與符號形成的字詞與字母。這些文字常常刻在神廟與墓穴的石牆上。

奇琴伊薩

奇琴伊薩（Chichen Itza）位於墨西哥的猶加敦半島（Yucatán Peninsula），它是一座由古馬雅人建造的雄偉城市。西元600年至1200年之間，是這座城市的繁榮鼎盛時期。如今，這座遺址能讓我們瞭解，許多關於馬雅人與他們的生活方式。

奇裝異服

馬雅的重要人士會在慶典與集會時，特別穿戴奢華的服裝與頭飾，用來展現自己的權勢與地位。

巨大的金字塔

古埃及人不是唯一會建造金字塔的人。馬雅人也有他們自己的金字塔，這些金字塔的側面有階梯，而且頂部還是平台。例如，這座令人驚豔的卡斯蒂略金字塔（El Castillo）。這座金字塔的階梯總共是三百六十五階，剛好就是一年的天數。

查克穆爾　　美洲豹寶座

隱藏的大廳

卡斯蒂略金字塔內藏匿著一間王座室，此房間放著一張形狀如同美洲豹的寶座，以及一座斜倚的人物雕像，名為查克穆爾（Chacmool）。查克穆爾胸前放著一只碗，用來裝盛獻給神的祭品。

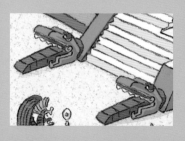

羽蛇階梯

卡斯蒂略金字塔北面樓梯底部的兩座蛇頭，可能就是這座金字塔所敬奉的羽蛇神庫庫爾坎（Kukulkan）。

鮮血四濺

這是宗教祭典與儀式專用的平台。儀式，常常包括了動物**獻祭**（sacrifice）。有時，祭品甚至是人類！

樸素的家

馬雅人的住家房屋不像他們設計精美的神廟，往往小而簡單。這些住家房屋是用泥土與木頭建造，再加上草桿屋頂。不過，富裕與權貴人士，則是住在石頭打造的房子裡。

熱血球場

這種球類比賽的玩法是，兩隊互相爭奪一顆橡膠球，並試著將球穿過石頭做的圓環。球員只能以膝蓋、手肘或髖部碰球。這種遊戲是一種宗教慶典的儀式，同時也是一種運動。

貴賓專屬席

美洲豹神廟能俯瞰球場。這裡也許是留給重要貴賓觀看球賽的專屬座位。

紫禁城

位於中國北京的紫禁城，是帝王的宮殿。西元1420年到1924年之間，這裡曾經是二十四位皇帝的家。紫禁城包含了許多建築、寺廟、庭院與花園。

勇猛的守衛

紫禁城的太和門由兩尊青銅獅守衛。傳統上，中國重要的建築物門前，都會放置兩座守衛獅的雕像。人們相信，雕像可以保護建築不受到侵害。

專屬通道

紫禁城的中央正面入口為午門，這扇門只有帝王可以使用。

派對大門

太和門是連結紫禁城外院的正式出入口。原本是帝王用來當作早晨開會（早朝）的地方，但後來，作為婚禮等慶祝的派對場地。

玩耍與遊戲

蹴鞠是一種古代中國的球類運動，有點像足球。球隊會互相競爭，將球踢進有洞的網中。

守時

這座巨大的石製日晷可以顯示時間。在白天，太陽光會讓鐵釘投下陰影。當太陽慢慢地移動時，陰影會一同繞著刻度移動，就像是時鐘。

紫禁城的正中心

太和殿有一把精緻華美的龍椅，盛大的儀式與慶典時，皇帝會坐在龍椅上。龍椅的位置，剛好就是紫禁城的正中心。

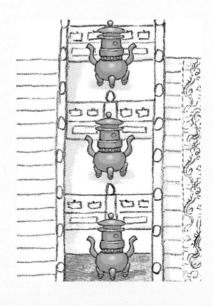

陣陣甜香

太和殿的階梯邊放著許多大型的青銅香爐。中國使用香（incense）的歷史，長達好幾個世紀。傳統上，宗教與文化典禮儀式，會使用香。

順流穿梭

紫禁城有一條貫穿的人造河，叫做「金水河」。由於城內大多數的建築物都是木造，因此，金水河的水源對於防範火災，極有幫助。

馬丘比丘

這座深藏在祕魯高山內，令人驚奇的堡壘（citadel），擁有望向四周谷地景色最美的視野！馬丘比丘大約建造於西元1450年，打造這裡的是，擁有豐富天文學（astronomy）知識的傑出工程師，印加人（Incas）。

蘆葦屋頂

印加的屋頂，通常是將野草、蘆葦與木桿，結合起來的茅草屋頂。

山中之王

帕查庫蒂（Pachacuti）是印加帝國的君主，在西元1438年至1471年統治印加。帕查庫蒂的意思是：「重塑世界的人。」許多考古學家認為，馬丘比丘就是他的皇殿。

藝術與工藝

印加人是技術極為精湛的藝術家與工匠。除了製作珠寶，他們也會打造美麗精緻的陶瓷與圖案明亮的織品。

聰明的農人

印加的梯田是為了農耕而設計，他們會在梯田種植馬鈴薯與玉米。寬大的平階能增加良好的排水性，讓陡峭的山坡也可以種植作物。同時，梯田也可預防山崩、滑坡。

太陽石

栓日石（Intihuatana Stone）就像一種日晷。在春分與秋分**兩分點（equinoxes）**的正午，栓日石會直直地指著太陽，不會投下任何陰影。印加人可能相信，栓日石能抓住太陽，好讓太陽每年在天空的軌跡都一樣。

窗外就有美景

三窗神殿（Temple of the Three Windows）如其名，就是裝著三扇大窗，窗外則是四周山巒的景色。三窗神殿的下方有許多陶器的碎片，表示慶典的儀式過程，可能包括打破陶器。

信奉太陽神

太陽神印地（Inti）是印加人最重要的神之一。獻給太陽的儀式，會在這座半圓形的太陽神殿（Temple of the Sun）舉行。

動物的好幫手

駱馬與羊駝是印加人最重要的**馴化動物（domestic animals）**。牠們能在帝國境內到處運送貨物，也被人們當作食物。羊駝柔軟又厚實的毛，還可以做成衣服與織品。

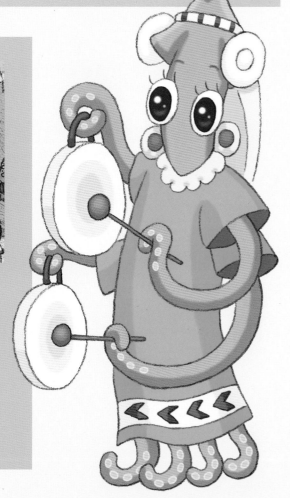

復活島

原名為拉帕努伊（Rapa Nui），復活島以散落在島上的巨大石像摩艾（moai）聞名。島上的摩艾石像超過九百座，由拉帕努伊人在西元1250年至1500年間製作。

強大勇猛的摩艾

摩艾是刻鑿火成岩所製成的，通常會擺放在稱為阿胡（ahu）的岩石平台上。考古學家認為，這些摩艾代表了已逝的重要**祖先**（**ancestors**）與統治者。有的摩艾頭頂會加上稱為「普天奧」（Pukao）的紅石，像極了摩艾戴帽子。

守護植物

島上某些植物會種在圍成一圈的石牆內，石牆稱為馬納維（manavai），以避免植物受到島上的強風侵襲。

搬運之謎

究竟這些摩艾是如何被搬運至島上，至今仍是一個謎。摩艾石像極為沉重，重達86公噸。拉帕努伊人，可能是利用繩子、木製橇型板、槓桿、土壤坡道或石頭坡道來搬運，也有可能結合了以上所有的方式。

露天喪禮

在拉帕努伊人的喪禮中，他們會用植物做成的織物包裹屍體，並且露天展示，直到屍體腐爛。最後，他們會將死者的骨骸裝入壺中，然後埋在阿胡石牆內。拉帕努伊人會為喪禮舉行大型的宴會，眾人一同唱歌、跳舞。

身體藝術

拉帕努伊人會用彩繪與刺青來裝飾自己的身體。這部分與靈性或宗教的作法類似，也用來展示自己在族群裡的身分與地位。

汪洋小船

雖然最初定居在復活島的人們，是乘坐大型的船隻而來的，但是因為島上缺乏木材，所以拉帕努伊人只擁有幾艘小型的**支架舟（outrigger）**。這些支架舟無法遠航，只能用來捕魚。

船屋

拉帕努伊人的傳統房屋，稱為船形屋（hare paenga），形狀就像倒扣的獨木舟。船形屋的門前會放上木製的人偶，代表祖先與守護靈。

土窯

人們會在地上挖掘坑洞，然後用這種土窯烹煮食物。先是把食物與用火烤過的石頭放進土窯內，再蓋上香蕉或芭蕉葉。現在，部分的當地人，仍會用這種方式料理食物。

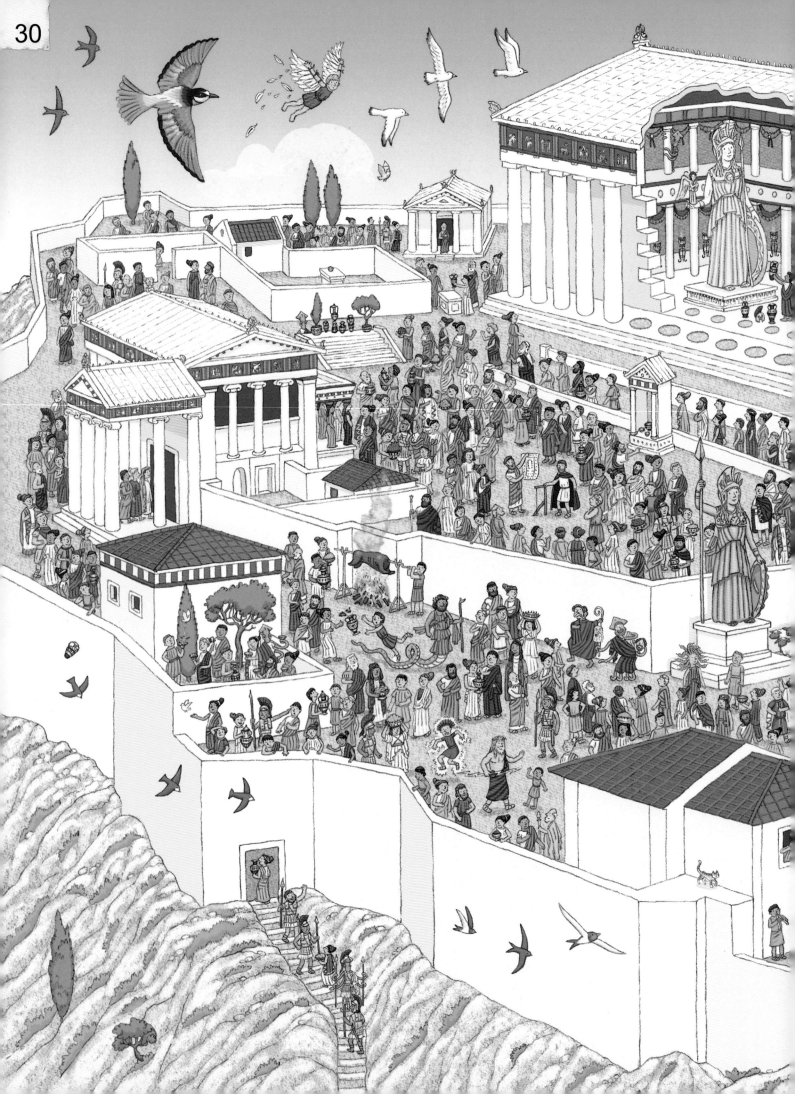

雅典衛城

雅典衛城坐落在俯視雅典城市的岩石山頂上。由古希臘雅典人所建造，象徵他們的權利與富裕。此處，也是獻給雅典眾神的宗教場所。

蛇國王

神話中，雅典的首位國王是凱克羅普斯（Cecrops）。據說，他沒有雙腿，而是長著一條蛇尾。他為雅典人帶來了許多的新觀念。例如：結婚、閱讀與書寫。

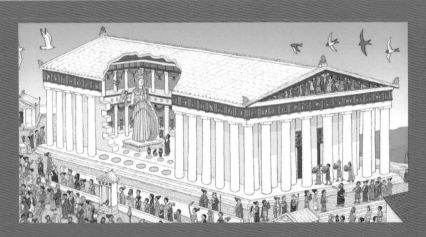

眾神打造

帕德嫩神殿（Parthenon）是一座大型的大理岩神殿，獻給城市的守護者希臘女神雅典娜（Athena）。此座神殿花了八年打造，於西元438年完工。殿中放著一尊巨大的雅典娜雕像，上面還以黃金與**象牙**（ivory）裝飾。

女武神

這座巨大的雅典娜青銅雕像，是為了感謝女神在波斯戰爭（Persian Wars）中戰勝而造。雅典娜是集戰爭、智慧、藝術與文學為一身的女神。

歷史創造者

帕德嫩神殿以及雅典城市內許多的紀念建築，都是由伊克提諾斯（Ictinus）與卡利克拉提斯（Callicrates）兩位**建築師**（architects）所設計。

盛大的節日

每四年，雅典人都會舉辦一場十分盛大的節慶。在節慶的最後一天，會有一場衛城繞境的巨大遊行，並向雅典娜獻上祭品與供品。包括，在露天祭壇進行獻祭一百頭羊與一百頭牛。

奮身飛躍

至今，許多希臘神話依舊廣為流傳。某篇故事中，一名叫伊卡洛斯（Icarus）的小男孩，得到父親親手製作的一對翅膀，準備飛向太陽，但結局有點糟糕就是了。

戲劇化

在雅典的古希臘文化中，戲劇是十分重要的一部分。演員會利用面具呈現角色的身分與表情。

雷神

古希臘人擁有許多神，並深信眾神會在人間悠遊。宙斯（Zeus）是掌管天空與天氣的神。祂也是眾神的統治者，並以雷電作為武器。

世界奇蹟在哪裡？

這是一幅標示了每個世界
奇蹟所在位置的全球地圖。

北美洲

奇琴伊薩
墨西哥猶加敦半島

馬丘比丘
祕魯庫斯科山脈（Cuzco Region）

南美洲

復活島
智利

羅馬競技場
義大利羅馬

雅典衛城
希臘雅典

歐洲

亞洲

非洲

紫禁城
中國北京

澳洲

吉薩金字塔群
埃及大開羅（Greater Cairo）

你有看到……

以下，是你可能錯過的有趣人物與物品。回頭翻到這些頁面，看看自己能不能找到它們。

……兀鷹？

兀鷹對印加人而言，十分重要。印加人相信，兀鷹是諸神的信使。馬丘比丘的某座神殿中，地上就擺放著一尊兀鷹頭型的石像。

請在第22～23頁找找看。

……孔蘇？

古埃及人擁有數千位神。其中，孔蘇（Khonsu）是月神，常常以隼頭人形的形象現身。

請在第10～11頁找找看。

……這對眼睛？

今日，許多復活島的摩艾石像的眼睛都不見蹤影。這些眼睛是以貝殼與珊瑚做成，會在摩艾石像就位之後，嵌進雕刻好的眼窩中，完成最後的裝飾。

請在第26～27頁找找看。

……羽蛇神庫庫爾坎？

奇琴伊薩的卡斯蒂略金字塔，供奉的就是羽蛇神庫庫爾坎。馬雅人相信，祂正是創造世界的神。

請在第14～15頁找找看。

……這位網鬥士？

網鬥士（retiarius）是一種特殊的角鬥士，他們主要使用漁夫的工具進行戰鬥。例如：加重分量的漁網、**三叉戟**（trident）與匕首。

請在第6～7頁找找看。

……這些風箏？

中國軍隊曾經利用風箏來傳遞訊息、測量長度，甚至攜帶武器。不過，清朝（西元1644年至1912年）之後，風箏大多作為娛樂用的玩具。

請在第18～19頁找找看。

……梅杜莎？

在希臘神話中，梅杜莎是一位頭髮為蛇的女人。任何望見梅杜莎雙眼的人，都會變成石頭。

請在第30～31頁找找看。

解答

你有成功找到神祕魷魚的所有藏身地點嗎？

奇琴伊薩 第14～15頁

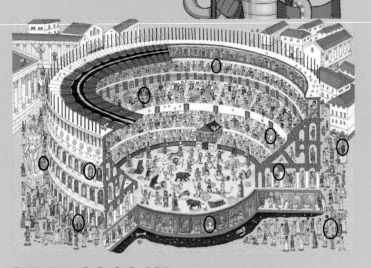

羅馬競技場 第6～7頁

吉薩金字塔群 第10～11頁

紫禁城 第18～19頁

馬丘比丘 第22～23頁

復活島 第26～27頁

雅典衛城 第30～31頁

圈圈就是神祕魷魚的藏身處。

名詞解釋

祖先（ancestors）：很久很久以前的家族成員，你的曾曾曾祖母，或許就可以稱為你的祖先。

考古學家（archaeologists）：利用觀察從前的人遺留下來的物品，來瞭解更多當時的人們如何生活的學者。

建築師（architects）：設計建築物的人。

圓形競技場（arena）：地面上的大型平台或區域，周遭包圍著觀賞娛樂活動的觀眾。例如：音樂表演或運動競賽。

天文學（astronomy）：研究外太空的學問。包括：太陽、恆星與行星。

遮陽篷（awning）：用來遮擋陽光與雨水的織物材質的屋頂。

雙輪戰車（chariots）：一種古代的雙輪交通工具，以馬匹來拉動。

堡壘（citadel）：城堡或要塞，通常建造在城市的高處。

馴化動物（domestic animals）：與人類一同生活，並由人類飼養的動物。包括：家畜與寵物。

兩分點（equinoxes）：每年都會有兩個分點，分別是3月21日與9月23日。在兩分點時，地球任何地方白日與黑夜的時間長度，幾乎一致。

香（incense）：一種燃燒時會產生甜香氣味的物品。宗教或靈性儀式有時會焚香。

象牙（ivory）：一種用動物長牙或牙齒做成的堅硬的乳白色物質。例如：大象的牙齒。

木乃伊（mummy）：屍體在埋葬之前，經過防腐處理。某些古老的木乃伊，至今依舊完好無缺。

支架（outrigger）：由船身側面伸出的浮器或橫桿，以防止船在水中翻覆。

獻祭（sacrifice）：為了獻給神而殺害或放棄某些東西。

奴隸（slaves）：被其他人擁有的人，常常會被命令進行艱困且繁重的工作。

三叉戟（trident）：一種擁有三個尖叉的矛。

系列／科學繪本 03
神祕魷魚的驚奇冒險

作　　者／飢餓蕃茄（Hungry Tomato）
繪　　圖／貝利・亞伯特（Barry Ablett）
翻　　譯／魏嘉儀
總 編 輯／彭文富
主　　編／陳秀娟
封面設計／Dinner Illustration
排　　版／菩薩蠻
出 版 者／大樹林出版社
營業地址／23357 新北市中和區中山路 2 段 530 號 6 樓之 1
通訊地址／23586 新北市中和區中正路 872 號 6 樓之 2
電　　話／(02) 2222-7270　傳真／(02) 2222-1270
E-mail ／ notime.chung@msa.hinet.net
官　　網／www.gwclass.com
FB粉絲團／www.facebook.com/bigtreebook
發 行 人／彭文富
劃撥帳號／18746459　戶名／大樹林出版社
總 經 銷／知遠文化事業有限公司
地　　址／222 深坑區北深路三段 155 巷 25 號 5 樓
電　　話／02-2664-8800　傳真／02-2664-8801

初　　版／2023 年 02 月

SECRET SQUID'S WONDERS OF THE WORLD
By Barry Ablett
Original title copyright © 2022 Hungry Tomato Ltd
First published 2022 by Hungry Tomato Ltd
Traditional Chinese Translation Copyright © 2023 by Big Forest
Publishing Co., Ltd.
All Rights Reserved.

定價／380 元　港幣／128 元　ISBN／978-626-96773-1-3
版權所有，翻印必究

國家圖書館出版品預行編目(CIP)資料

神祕魷魚的驚奇冒險／飢餓蕃茄（Hungry Tomato）作；
貝利‧亞伯特（Barry Ablett）繪圖；魏嘉儀翻譯. -- 初版.
-- 新北市：大樹林出版社, 2023.02
48面；22.5*29公分. --（科學繪本；3）
譯自：Secret Squid's wonders of the world
ISBN　978-626-96773-1-3（精裝）

1. CST：世界地理　2. CST：通俗作品

716　　　　　　　　　　　　　　　　　111019145